Sylvanus MULOWAYI WA KAYUMBA

ALLIANCE ADAMIQUE

Sylvanus MULOWAYI WA KAYUMBA

ALLIANCE ADAMIQUE

8 Grandes Alliances Bibliques

Éditions Croix du Salut

Cover image: www.ingimage.com

Publisher:
Éditions Croix du Salut
is a trademark of
Dodo Books Indian Ocean Ltd., member of the OmniScriptum S.R.L Publishing group
str. A.Russo 15, of. 61, Chisinau-2068, Republic of Moldova Europe
Printed at: see last page
ISBN: 978-620-3-84256-2

8 GRANDES ALLIANCES BIBLIQUES
2. Alliance Adamique

Alliance Adamique

INTRODUCTION

L'Alliance Edénique se termine avec la sentence de Dieu sur le serpent, la femme et enfin l'homme.

C'est fini la belle vie dans le Jardin d'Eden et dorénavant Adam devra gagner la vie à la sueur de son front, la femme affronter l'augmentation des douleurs d'enfantement et le serpent ramper sur son ventre.

Le début de l'Alliance Adamique correspond avec la Dispensation de la Conscience. C'est en ce moment que le choix du bien et du mal devient régi par la conscience de l'homme. Le libre arbitre est entré dans l'homme qui est responsable des actes qu'il pose.

Heureusement, Dieu leur avait cousu des vêtements sur base de la peau d'une bête innocente. Le premier sang coula sur la terre juste avant le départ d'Adam et Eve du Jardin d'Eden.

L'Alliance Adamique ou Alliance d'Adam se passe en dehors du Jardin d'Eden qui est dorénavant gardé par les archanges.

En lisant très bien la sentence finale de Dieu depuis le jardin d'Eden, nous voyons que l'homme et la femme n'avaient pas été maudits. Dieu les avait purement et simplement punis avant de leur faire des vêtements à partir de la peau d'une bête et de les chasser du Jardin d'Eden car ils avaient désobéi à sa Parole.

Cependant la terre fut maudite et devraient normalement porter des épines et des échardes. La vie devint alors difficile et pleine de nécessités et de besoins.

Adam devait dorénavant apprendre à fabriquer des chaussures pour se protéger contre les épines de la terre.

La nature a été toujours était obéissante à la Parole de Dieu. La lumière vint répondre à l'appel de Dieu à la fin du premier jour.

La terre donne la verdure, les airs accueillent les oiseaux et la mer loge les poissons.

Le soleil la lune les étoiles font ce que Dieu leur a demandé de faire. Mais l'homme créé à l'image et à la ressemblance de Dieu est facilement tourné vers la rébellion et la révolte tous les jours de sa vie.

En dans sa bonté, Dieu leur donna une seconde opportunité de vie en dehors du Jardin d'Eden.

Ils pouvaient mourir le même jour, mais Dieu leur accorda plus de neuf cents ans car mille ans sont comme un jour devant lui.

L'Alliance d'Adam est la seconde alliance de l'Ancien Testament. Elle marque le moment de la prise en charge de l'homme qui est appelé ainsi à vivre sur une terre maudite et de gagner son pain à la sueur de son front.

Il est écrit que celui qui trouve une bonne femme trouve le bonheur. Ladite femme peut être une épouse, une mère, une sœur ou une inconnue.

Eve ne fut point une bonne femme pour Adam, elle le fut quand-même pour Caïn et pour Eve, e, tant que mère.

Il y a quatre personnes qui ne sont pas passées par le contact de l'homme et de la femme :

- Adam, tiré de la terre.
- Eve, tirée de l'os de l'homme ;
- Melchisédek, sans généalogie et
- Emmanuel, Dieu parmi nous.

Jésus eut une bonne mère comme Moïse et vint alors accomplir quatre mille ans plus tard la promesse fait à Eve depuis le Jardin d'Eden sur la postérité de la femme qui devait écraser la tête du serpent.

A sa naissance, Dieu envoya un ange vers une femme fiancée mais vierge pour lui annoncer qu'elle deviendra la mère du Seigneur. Et il en fut ainsi.

Par la femme le péché est entré dans le monde et par la femme, Emmanuel vint à notre secours pour nous racheter du péché et de la mort.

En Jésus, s'accomplit ainsi la promesse de l'inimitié entre la postérité du serpent et celle de la femme.

Il y a toujours un message réparateur, un message de rédemption à une alliance non respectée, afin de donner aux bénéficiaires un second kilomètre.

Les bénédictions de Dieu vont jusqu'à la millième génération alors que les malédictions ne s'arrêtent qu'à la quatrième génération. Cependant les serviteurs de Dieu parlent plus des malédictions que des bénédictions ; ils parlent plus des démons que des anges.

Adam et Eve venaient d'échouer à respecter l'alliance du Jardin d'Eden, mais Dieu dans son amour leur a promis la postérité de la femme, Emmanuel, Dieu parmi nous pour nous racheter de la mort et du péché.

Notre Dieu prend toujours son temps et préfère les escaliers que l'ascenseur.

Et voilà comment, il va amener Adam et Eve par la voie des gradins et des paliers pour ramener doucement et sûrement l'humanité toute entière au salut et à la vie éternelle.

Dieu n'a pas dit à Adam et Eve qu'ils venaient d'ouvrir la porte du péché et de la mort pour l'humanité toute entière.

Il les a juste chassés du Jardin et plaça des archanges devant l'entrée pour éviter qu'ils ne prennent du fruit de l'Arbre de Vie et qu'ils vivent éternellement avec le péché, comme nous allons le voir dans cette alliance.

ALLIANCE D'ADAM OU ALLIANCE ADAMIQUE

Le poisson vit dans l'eau, l'oiseau dans les airs et l'homme créé à l'image et à la ressemblance de Dieu veut se référer à son prochain et au diable qui sont des créatures pour diriger ses pas pendant le séjour que Dieu lui a donné sur la terre.

Cela tout simplement parce que les gens veulent bien entendre ce qui est dans leur cœur. Nous devons vivre conformément à la Parole de Dieu et non conformément au monde actuel.

Un polygame aimerait entendre parler de la vie conjugale de Salomon, un monogame aura son attention fixée Pierre alors qu'un célibataire aura un penchant fort sur Paul. Nous avons un seul modèle: Jésus-Christ, le Fils Unique de Dieu qui a accepté de prendre ta place et la mienne à la croix.

Adam devait dorénavant vivre en dehors du Jardin d'Eden toute sa vie pour avoir écouté sa femme une seule fois !

Une simple désobéissance apporta tant de malheurs et de châtiments sur la terre. Il a fallut attendre 4000 ans pour que Jésus vienne, le second Adam pour nous racheter du péché afin de nous introduire dans la vie éternelle.

« ***Adam donna à sa femme le nom d'Eve: car elle a été la mère de tous les vivants.***

L'Eternel Dieu fit à Adam et à sa femme des habits de peau, et il les en revêtit.
L'Eternel Dieu dit: Voici, l'homme est devenu comme l'un de nous, pour la connaissance du bien et du mal. Empêchons-le maintenant d'avancer sa main, de prendre de l'arbre de vie, d'en manger, et de vivre éternellement.

Et l'Eternel Dieu le chassa du jardin d'Eden, pour qu'il cultivât la terre, d'où il avait été pris.

C'est ainsi qu'il chassa Adam; et il mit à l'orient du Jardin d'Eden les chérubins qui agitent une épée flamboyante, pour garder le chemin de l'arbre de vie. » Genèse 3 :20-24

LE NOM D'EVE

Ce fut Adam qui donna à sa femme le nom d'Eve. Ce qui signifie la mère de tous les vivants. Adam était devant ses responsabilités et devait affronter une nouvelle situation.

Il commença par donner à sa femme le nom d'Eve avant de s'aligner sur la loi de la multiplication, de l'addition et de la domination dans laquelle Dieu les créa.

En effet, la femme en Afrique porte trois noms :

- Le nom de son père ou celui de famille,
- Le nom de son mari et
- Le nom de son fils aîné ou de sa fille aînée.

Et même de nos jours, dans beaucoup de sociétés, la femme porte le nom de son mari.

Nombreux sont les lecteurs de la Bible qui spéculent et gambergent sur l'origine de la femme de Caïn.

Par la grâce que Dieu m'a donnée en la matière, là où la Bible dit « oui », moi aussi je dis « oui ». Là où la Bible dit « non », moi aussi je dis « non ». Et là où la Bible se tait, moi aussi, je me tais.

La Bible nous dit qu'Eve est la mère de tous les vivants. C'est clair et net que Caïn au fil du temps se maria à l'une de ses propres petites sœurs et ils formèrent ainsi leur petite famille à l'écart.

Parents, je vous en supplie dans le Nom de notre Seigneur et Sauveur Jésus-Christ de donner à vos enfants de bons noms.

Adam donna à Eve un bon nom qui signifie la mère de tous les vivants. Je pense personnellement à ma petite sœur Nkonji MAKENGA qui a beaucoup souffert dans sa vie en ressemblant totalement à son nom « MAKENGA » qui signifie « SOUFFRANCE ».

Un grand activiste de droit de l'homme en République Démocratique du Congo, TSHIBEYA mourut dans des conditions encore obscures dans les bureaux de la Police Nationale dans la Ville Province de Kinshasa.

Et en remontant à son nom, j'ai pu découvrir que « TSHIBEYA » signifie tuer en langue Luba du Kasaï.

Les noms que les parents donnent à leurs enfants peuvent affecter leur vie d'une manière ou d'une autre.

LES PREMIERS VETEMENTS

Dieu fit pour Adam et Eve les premiers vêtements durables qui pouvaient les protéger contre le froid et contre les mauvais temps à partir de la peau d'une bête domestique innocente.

Contrairement aux feuilles de figuier qu'ils s'étaient cousues, les autres animaux des champs qui étaient encore herbivores en ce temps-là pouvaient les confondre à la bête de laquelle Dieu tira la peau pour la cause.

Ils devaient mourir selon la Parole de Dieu et même immédiatement. Mais Dieu dans son amour infini et insondable leur a donné un sursis en ajournant un jour à mille ans.

Et comme la source du péché sur la terre vint par le diable évoqué dans le serpent, c'est pour cela qu'il sera emprisonné pendant mille ans pendant le règne de Jésus sur la terre. Mais le rachat et la rédemption sont venus par le sang versé depuis le Jardin d'Eden qui fut la préfiguration de la mort du Christ sur la croix.

LA LOI DU SANG

Vers la fin de l'Alliance Edénique, Dieu versa le sang d'une bête domestique, en tira la peau avec laquelle il cousit les premiers vêtements pour Adam et Eve en remplacement des feuilles de figuier.

Pourquoi le sang ?

Pour couvrir le péché d'Adam et Eve devant la face de Dieu, car Dieu aime le pécheur mais hait le péché.

« ***Et presque tout, d'après la loi, est purifié avec le sang, et sans effusion de sang, il n'y a pas de pardon.*** » Hébreux 9 :22

En tuant une bête domestique dans le Jardin d'Eden et en versant son sang, Dieu apaisa sa colère envers nos parents communs et leur donna un second kilomètre de randonnée. Cependant, leur place n'était plus dans le Jardin d'Eden.

Le péché nous écarte de la présence de Dieu et la repentance et la réconciliation nous y retournent.

Et l'homme et la femme vécurent près de mille ans car ils devaient mourir le même jour car pour Dieu, un jour égale mille ans et mille ans égalent un jour.

« ***Et je vis des trônes; et à ceux qui s'y assirent, fut donné le pouvoir de juger. Et je vis les âmes de ceux qui avaient été décapités à cause du témoignage de Jésus et à cause de la parole de Dieu, et de ceux qui n'avaient pas adoré la bête ni son image, et qui n'avaient pas reçu la marque sur leur front et sur leur main. Ils revinrent à la vie, et ils régnèrent avec Christ pendant mille ans.***

Les autres morts ne revinrent point à la vie jusqu'à ce que les mille ans fussent accomplis. C'est la première résurrection.

Heureux et saints ceux qui ont part à la première résurrection!

La seconde mort n'a point de pouvoir sur eux; mais ils seront sacrificateurs de Dieu et de Christ, et ils régneront avec lui pendant mille ans.

Quand les mille ans seront accomplis, Satan sera relâché de sa prison. » Apocalypse 20 :4-6

Nous régnerons ensemble avec le Seigneur Jésus-Christ pendant mille ans alors que Satan sera emprisonné pour tout le mal qu'il aurait causé aux hommes sur toute la terre et finalement après le jugement dernier, il sera précipité avec les démons et les rebelles à la Parole de Dieu en enfer pour leur destruction et leur ruine éternelles.

A première vue, on aurait l'idée de croire que le diable avait dit la vérité à Eve, car elle ne mourut point sur le champ.

Ma mère me disait toujours que ce n'était pas le jour où l'on mangea le crapaud que l'on portait de la galle sur sa peau.

Devant Dieu un jour est comme mille ans et mille ans comme un jour.

Ils vécurent plus de neuf cents ans et moururent le même jour avant mille ans. Et Satan à son tour sera emprisonné pendant mille ans pour avoir séduit Eve, la mère de tous les vivants.

En ce qui concerne les habits, ne mettons pas des feuilles de figuier, mais habillons-nous d'une manière digne de fils et de fille de Dieu.

Dieu les garda plus ou moins pendant une semaine, le temps que la peau tirée de l'animal innocent se sèche et qu'il en fasse des vêtements pour eux.

L'animal choisit par Dieu était la préfiguration de Jésus, qui ne devrait en son temps venir verser son sang précieux pour couvrir notre nudité spirituelle qui est le péché du monde.

Le péché nous a rendu tous sans exception informes et vides à l'instar de la terre du premier jour. Et là encore nous voyons que Dieu utilisa la Parole pour s'adresser à la lumière, au ciel, à la terre, aux eaux, aux bêtes et à l'homme.

La nature a obéi à la Parole de Dieu qu'elle avait écoutée. Mais l'homme créé à l'image et à la ressemblance de Dieu tâtonne de jour comme de nuit sans comprendre que la crainte de Dieu est le début de la sagesse.

C'est à cause de cela que nous insistons sur le fait de bien écouter les instructions de Dieu que renferment les Saintes Ecritures. Et cette fois-là, Adam avait bien entendu les instructions de Dieu et ne revint plus frapper à la porte du Jardin d'Eden qui était dorénavant gardé par des chérubins.

DIEU CHASSA ADAM NOMINALEMENT

La faute commise était collective, mais Dieu s'adressa d'abord à Adam au singulier et à la fin du jugement, il le chassa nominalement du Jardin d'Eden. Sans autre issue, Eve devait le suivre et le serpent devait aussi se retirer car l'acteur principal était délogé et éjecté hors du jardin de Dieu.

Serviteurs de Dieu, soyons responsables de la mission que le Seigneur nous a donnée et ne nous laissons pas influencer par n'importe qui ou par n'importe quoi car nous comparaîtrons tous grands et petits devant le trône du jugement de Dieu un jour.

Soyons affermis, constants et disciplinés car notre Dieu n'est pas un Dieu de gaspillage et de débours.

La faute était collective, mais Dieu appela Adam pour lui demander où il était au singulier et à la fin, il le chassa en lui adressant personnellement la parole.

Et pourtant la femme par laquelle le péché est entré était bien présente, ensemble avec le serpent ancien.

Dans un couple, la responsabilité incombe principalement à l'homme qui se fera aider par sa femme.

Chassé nominalement, Adam devait cultiver la terre et gagner ainsi son pain à la sueur de son front tous les jours de sa vie, jusqu'à ce qu'il retourna à la poussière de laquelle il fut tiré.

Le responsable est de fois condamné à cause des fautes et des peccadilles des ses sujets.

Je me souviens du temps d'Elie que Dieu se tourna vers Samuel à cause des violations et crimes de ses enfants.

« ***Les fils d'Eli étaient des hommes pervers, ils ne connaissaient point l'Éternel.*** » 1 Samuel 2 :12

Ce fut à cause de cela que Dieu passa le sacerdoce d'Eli à Samuel qui fut le dernier juge d'Israël qui n'était pas son fils selon la chair.

Chez nous au Kasaï, dans la province centrale de la République Démocratique du Congo, quand une fille perd sa virginité ou se fait engrosser hors du mariage, la faute incombe plus à sa mère qu'à elle-même.

En Israël, le roi allait à la guerre pour défendre le peuple sur lequel il était établi. Normalement, c'était le roi Saül qui devrait aller se battre contre Goliath ce jour-là. Cela tout simplement, parce que la responsabilité du peuple incombe au chef établi.

C'est encore à cause du même principe que les sept messages aux sept églises d'Asie étaient adressés directement aux sept anges correspondants.

Jésus, notre Seigneur et Sauveur accepta sa responsabilité et mourut pour nous à a croix alors qu'Adam assigna sa propre femme de caution de ce qui lui était arrivé alors que cette dernière de lui donna point le fruit de l'Arbre de la connaissance du bien et du mal de force.

La jeune fille est donnée à son futur époux par son père qui est le responsable de famille.

Nous devons être de bons et fidèles responsables partout où une parcelle de responsabilité nous est donnée car nous rendrons compte d'une manière ou d'une autre devant Dieu un jour.

De même dans l'église locale, nous devons être dignes de fils et de fille de Dieu car nous sommes des membres du Corps de Christ.

Nous ne devons pas ressembler à Adam qui écouta la voix de sa femme. Au contraire nous sommes réclamés à imiter le Seigneur Jésus qui est le Bon Berger qui donne sa vie pour ses brebis. Nous devons rester dans la bergerie, connaître sa voix et le suivre tous les jours de notre vie.

LA CONNAISSANCE DU BIEN ET DU MAL

C'est bien cela qui marqua nettement la fin de l'Alliance d'Eden ou l'Alliance Edénique, car l'homme et la femme devinrent comme des dieux en connaissant dorénavant le bien et le mal. Ce moment constitua celui de la prise de conscience et du début de la liberté dans le choix qui coïncide avec la Dispensation de la Conscience.

Et dès lors, l'homme devait apprendre à faire le bon choix de lui-même car l'accès au Jardin d'Eden lui était bloqué.

On ne grandit pas en un seul jour. Ils n'étaient qu'à deux et devraient découvrir et conquérir la terre toute entière au milieu des bêtes sauvages, les mains vides.

Il y a de multiples étapes à traverser pour arriver à destination. Même Dieu ne créa point le monde en un seul jour. Alors qu'il pouvait le faire en un clin d'œil, il le fit pas à pas sagement et patiemment.

Quand un enfant commence à poser beaucoup de questions aux parents, ces derniers le chassent de leur chambre à coucher, tout simplement, car il est entré dans la Dispensation de la Connaissance de peur qu'il n'apprenne certaines choses qui ne sont pas de son âge.

Adam et Eve étaient comme de petits enfants chassés de la chambre des parents et devaient commencer une nouvelle vie avec les moyens de bord.

La Bible se tait sur la manière dont nos premiers parents se sont défendus pour vivre jusqu'à plus de neuf ans à partir de rien. C'est là la notion de la grâce de Dieu qui est une faveur imméritée que Dieu nous accorde comme seconde opportunité pour un nouveau kilomètre tout le long de notre randonnée sur cette terre des hommes.

Le premier chapitre du livre de Genèse, qui signifie la porte, nous donne la marche d'un enfant de Dieu de la foi à l'amour en passant par l'espérance.

Les six jours de la création coïncident avec les six étapes de la croissance spirituelle.

A l'image du premier jour de la création de la terre, le nouveau croyant n'est pas encore converti, il est venu au Seigneur ; mais il est encore informe et vide. Il est dans les ténèbres et il lui faut de la lumière du premier jour pour arriver à séparer le bien et le mal.

Au la caricature du second jour de la création, connaissant ainsi le bien et le mal, il a la conscience ouverte et éclairée et peut choisir la volonté de Dieu et rejeter celle du diable. Il peut aussi séparer les choses du monde (la terre) et celles du Royaume de Dieu (les cieux).

A la parodie de la terre du troisième jour, il peut séparer la terre de lamer et produire de la verdure en manifestant les premiers œuvres de la foi en Dieu

Au portrait du quatrième jour de la création, le voilà qui reçoit la lumière du soleil pendant le jour et celle de la lune et des étoiles pendant la nuit. C'est à ce niveau qu'il expérimente la nouvelle naissance.

A l'allégorie du cinquième jour de la création, il produit davantage de bonnes œuvres dignes de sa conversion et devient un témoin du Seigneur Jésus car les eaux sont remplis des poissons et les oiseaux volent dans le ciel de son ministères.

A l'emblème du sixième jour de la création, comme Dieu fit les animaux puis enfin l'homme et la femme à son image, il aspire à l'image et à la ressemblance de Dieu en tout ce qu'il fait et reconnaît facilement les bêtes domestiques et les animaux sauvages dans le comportement des autres et devient suffisamment mature, raisonnable et responsable.

Enfin, à l'image du septième jour de la création, il entre dans le Sabbat de Dieu qui est la paix qui remplit son cœur.

Le diable ainsi que tous les démons étaient là sur la terre, mais Dieu, dans sa miséricorde et dans sa mansuétude protégeait nos premiers parents par sa main puissante et invisible pour leur permettre de se multiplier et de remplir ainsi la terre selon la loi dans laquelle ils furent créés.

Petit à petit, ils dominaient lentement, mais sûrement la terre selon la mesure de grâce que Dieu leur accorda malgré leur chute provoquée par le diable.

LE TRAVAIL

Le travail selon la formule physique, est une force qui se déplace. Ainsi nous devons nous déplacer pour produire quelque chose.

Il y en a qui font des travaux manuels qui exigent de la force physique et d'autres encore qui font des travaux tout à fait intellectuels demandant beaucoup plus de concentration et de savoir-faire.

« ***Tout ce que vous faites, faites-le de bon cœur, comme pour le Seigneur, et non pour des hommes.*** » Colossiens 3 :23

Cette adresse de l'Apôtre Paul pouvait aussi être utile à Adam pendant la période de l'Alliance Adamique car il était dorénavant dans la Dispensation de la Conscience et devait ainsi gagner son pain ainsi que celui de sa famille à la sueur de son front.

Il pouvait ainsi que sa femme travailler avec bon cœur comme le faisant pour Dieu et non pour les hommes.

Et je crois personnellement qu'il ne changea pas de métier, il continua à faire l'agriculture et l'élevage comme il le faisait avant dans le Jardin d'Eden, à l'école du travail de Dieu.

Sauf que cette fois-ci, il devait transpirer afin de gagner dorénavant son pain à la sueur de son front. Et il enseigna même à ses enfants ce qu'il faisait, comme nous le verrons plus tard.

« ***Le paresseux a des désirs, mais il n'arrive à rien. Au contraire, ceux qui travaillent dur obtiennent tout ce qu'ils veulent.*** » Proverbes 13 :4

Ceux qui croissent les bras n'arriveront à rien du tout. Au contraire, il faut qu'ils travaillent afin qu'ils obtiennent ce qu'ils veulent.

Ce n'est pas en priant et en jeûnant tous les jours que l'on obtiendra des moyens pour vivre. Dieu nous a donné la terre avec des richesses dans le sol et dans le sous-sol afin que nous puissions les exploiter pour notre épanouissement matériel et financier.

Et cela pourra ainsi pour influencer notre vie physique, émotionnelle et spirituelle.

Un serviteur de Dieu entouré des pauvres et des paresseux deviendra tout simplement indigent, nécessiteux comme ses apprentis. Et cela influencera aussi le travail de Dieu qui avancera à la vitesse de ses moyens dans son milieu d'évolution de base.

« ***Car il n'y avait parmi eux aucun indigent: tous ceux qui possédaient des champs ou des maisons les vendaient, apportaient le prix de ce qu'ils avaient vendu,***

Et le déposaient aux pieds des apôtres; et l'on faisait des distributions à chacun selon qu'il en avait besoin. » Actes 4 :34-35

D'où vient qu'il y a des indigents parmi nous de nos jours ?

Parce qu'il y a plus de pauvres et plus de paresseux que de riches et de travailleurs parmi nous.

Nos églises sont remplies, surtout dans les pays en voie de développement des pauvres et des paresseux qui passent plus de temps dans les prières télescopiques et monotones pour demander à Dieu de leur faire des miracles en tout et pour tout.

Même si ceux qui ont veulent bien partager, mais ils ne le feront pas pour mourir les paresseux qui passent leur temps à prier et à jeûner tout en rejetant l'idée maîtresse de la l'Alliance Adamique qui est celle du travail à la sueur de son front.

« ***Oui, c'est toi qui profiteras du résultat de ton travail. Tu seras heureux, tout ira bien pour toi.*** » Psaumes 1128 :2

Tout ira bien pour toi si tu fais bien ton travail en respectant les conditions et termes y afférents.

Mon père me disait toujours que le travail est un père et une mère à celui qui le fait de bon cœur et de bon gré.

Et ma mère ajoutait en me demandant d'être toujours le premier à mon poste de travail et d'en repartir le dernier.

« ***Les gens qui ont de mauvaises intentions se trompent de chemin. Mais ceux qui ont de bonnes intentions récoltent la bonté et la fidélité.*** » Proverbes 14 :22

Que Dieu nous donne un cœur rempli de bonnes intentions pour nous et pour les autres afin de travailler avec bonté, obéissance, fidélité et discipline.

« ***N'oublie pas de me réserver le jour du sabbat. Pendant six jours, travaille pour faire tout ce que tu as à faire.***

Mais le septième jour, c'est le sabbat qui m'est réservé, à moi, le Seigneur ton Dieu. » Exode 20 :8-10

N'oublions pas Dieu puisque nous devons travailler. Il y a un temps pour toute chose.

Il y a un temps pour travailler et un temps pour se rendre au culte en semaine ou celui de dimanche.

Il y a un temps pour transpirer et aussi un temps pour se reposer afin de se ressourcer et de reprendre le chemin pour un nouveau kilomètre.

Même à l'église, mettons-nous au travail d'une manière ou d'une autre comme il est écrit :

« ***Car, lorsque nous étions chez vous, nous vous disions expressément: Si quelqu'un ne veut pas travailler, qu'il ne mange pas non plus.*** » 2 Thessaloniciens 3.10

On ne mangera qu'à la sueur de son front et non de celle des autres conformément à l'Alliance Adamique.

Nous devons être courageux et aller jusqu'au bout, car notre Père agit encore de même que notre Seigneur Jésus.

« ***Mais Jésus leur répondit: Mon Père agit jusqu'à présent; moi aussi, j'agis.*** » Jean 5 :17

Dieu agit encore dans nos vies et continue à répondre à nos prières. L'équilibre de la vie chrétienne est un équilibre dynamique et énergique comme celui d'un vélo que l'on doit continuer à pédaler pour aller loin.

« ***Et, parce que l'iniquité se sera accrue, la charité du plus grand nombre se refroidira.***

Mais celui qui persévérera jusqu'à la fin ***sera sauvé.*** » Mathieu 24 :12-13

La persévérance conduit à la couronne du salut. Nous croyons au rez-de-chaussée et nous sommes définitivement sauvés au dernier étage après avoir fermé derrière nous la porte du couloir des escaliers et de l'ascenseur.

Les uns y vont lentement et graduellement alors que les autres le font rapidement et diligemment. Ce qui compte en tout et pour tout, c'est la fin de notre course qui se prolonge dans la vie éternelle au-delà du besoin et de la nécessité.

Il y en a qui ont utilisé les escaliers comme Abraham et d'autres encore qui se sont servis de l'ascenseur comme le voleur à côté du Seigneur à la croix qui entra dans le paradis avant Marie, la mère de Jésus.

Que ce soit par les escaliers ou par l'ascenseur, persévérons jusqu'à la fin pour hériter la couronne du salut.

Après la prière, il y a une autre prière qui nous attend. Après un combat, il y a un autre combat qui nous attend.

Et Dieu dans son amour infini nous donnera la force et la sagesse nécessaires pour aller jusqu'au bout de notre course.

CAIN ET ABEL

« *Adam connut Eve, sa femme; elle conçut, et enfanta Caïn et elle dit: J'ai formé un homme avec l'aide de l'Éternel.*

Elle enfanta encore son frère Abel. Abel fut berger, et Caïn fut laboureur.

Au bout de quelque temps, Caïn fit à l'Éternel une offrande des fruits de la terre;

Et Abel, de son côté, en fit une des premiers-nés de son troupeau et de leur graisse. L'Éternel porta un regard favorable sur Abel et sur son offrande;

Mais il ne porta pas un regard favorable sur Caïn et sur son offrande. Caïn fut très irrité, et son visage fut abattu.

Et l'Éternel dit à Caïn: Pourquoi es-tu irrité, et pourquoi ton visage est-il abattu?

Certainement, si tu agis bien, tu relèveras ton visage, et si tu agis mal, le péché se couche à la porte, et ses désirs se portent vers toi: mais toi, domine sur lui.

Cependant, Caïn adressa la parole à son frère Abel; mais, comme ils étaient dans les champs, Caïn se jeta sur son frère Abel, et le tua.
L'Éternel dit à Caïn: Où est ton frère Abel? Il répondit: Je ne sais pas; suis-je le gardien de mon frère?

Et Dieu dit: Qu'as-tu fait? La voix du sang de ton frère crie de la terre jusqu'à moi. » Genèse 4 :1-10

Adam connut Eve, sa femme qui enfanta Caïn, notre frère aîné commun. Ce fut alors la première manifestation de la loi de la multiplication en vue de remplir le monde.

La plupart de serviteurs de Dieu essaient de faire croire aux autres que Caïn est la semence du diable et qu'Eve aurait couché avec le serpent ancien.

Si le serpent avait couché effectivement avec Eve, alors il devait aussi manger le fruit de l'Arbre de la connaissance du bien et du mal.

Le serpent n'avait pas besoin de manger du fruit interdit car il connaissait déjà le bien et le mal depuis le ciel. Et en outre, si cela était le cas, la Bible devait bien nous le dire. Curieusement, il est écrit :

« ***Adam connut Eve, sa femme; elle conçut, et enfanta Caïn*** »

Adam connut Eve, sa femme en dehors du Jardin d'Eden. En d'autres termes, il n'y a pas eu coït ou copulation sexuelle entre Adam et Eve pendant toute la période de l'Alliance Edénique qui correspond nettement à la Dispensation de l'Inconscience.

La Bible renchérit et allonge en disant que les deux étaient nus, mais n'avaient pas honte.

Plus loin, le Seigneur Jésus nous dit qu'au ciel, les hommes ne prendront pas de femmes et nous serons tous comme des anges.

Adam et Eve vécurent comme des anges dans le Jardin d'Eden jusqu'à leur chute dans l'attrape du diable figuré dans le serpent ancien.

De même que le diable pécha dans les cieux en dehors du sexe, Adam et Eve tombèrent par désobéissance à la Parole de Dieu et non par relation érotique entre le serpent et Eve.

La séduction dont elle parle est morale et non physique ou sexuelle.

Que Dieu nous aide à garder la saine doctrine.

Notre Dieu prend souvent les escaliers et non l'ascenseur. Il prend son temps pour nous venir en aide au bon et merveilleux moment dans notre vie d'une manière individuelle ou collective. Il avait un plan extraordinaire pour remplir le monde par la multiplication à partir d'un seul homme et d'une seule femme.

Il pouvait bien donner à Adam plusieurs femmes pour que cela aille plus vite. Mais, il y alla lentement et sûrement et voici comment la terre est bien remplie de nos jours et pose même un problème de démographie.

Et si jamais Adam revenait sur cette terre, il ne croirait pas que c'est la terre qui lui était soumise en son temps.

Caïn fut un laboureur et Abel devint un berger. Et au bout du temps, ils firent tous deux, une offrande à Dieu.

Qui leur avait parlé de Dieu ?

Bonne question.

Adam était comme le premier Pasteur de la terre et Eve comme une Evangéliste. Caïn et Abel furent les croyants de cette première église locale extérieure du Jardin d'Eden.

Chacun avait appris un métier de leur père qui était à la fois laboureur et berger et qui leur parlait aussi de Dieu ainsi que de leur vie dans le Jardin d'Eden.

Il leur parla de l'offrande d'une manière ou d'une autre et ils se décidèrent de faire leur première expérience avec Dieu, en dehors du Jardin d'Eden.

Le Premier devint un agriculteur et le second un éleveur. Au bout d'un temps ils allèrent présenter leur sacrifice devant Dieu.

La loi du sacrifice leur fut enseignée par leur père Adam. Et ils l'appliquèrent, chacun de sa manière.

« ***L'Éternel porta un regard favorable sur Abel et sur son offrande;*** »

Dieu ne porta pas un regard favorable sur l'offrande de Caïn. Cela provoqua la haine en lui et son visage fut abattu.

Et Dieu dit à Caïn de mieux agir pour se racheter de cette situation afin de relever son visage et d'éviter de mal agir car le péché était couché à la porte de son cœur.

Mais ce dernier n'obéit point à la parole entendue de Dieu lui-même et suivit alors la voix du diable qui était couché à la porte de son cœur.

Le diable est un errant et un rodeur qui ne vient dans notre vie que pour voler, égorger et détruire. Il se cache à la porte de notre cœur et chaque fois que nous lui donnons une occasion, il s'infiltre et nous pousse à mal agir.

Pour faire tomber Adam, il passa par Eve et pour atteindre Abel le juste, il passa par la gaine dans le cœur de son propre frère Caïn.

LE CŒUR

Le diable ne viendra plus dans le Jardin d'Eden, mais il s'infiltrera dans le cœur des enfants de Dieu pour les séduire à partir de l'intérieur.

Chaque fois que nous avons une mauvaise pensée, nous invitons, sans le savoir, le diable à entrer dans notre cœur et à prendre notre contrôle pour nous tuer, nous voler et nous détruire.

« ***Garde ton cœur plus que toute autre chose, car de lui jaillissent les sources de la vie.*** » Proverbes 4:23

Nous devons garder notre cœur plus que toute autre chose. Notre cœur est notre Jardin d'Eden.

En effet, les trois grands arbres mentionnés dans le Jardin d'Eden sont dans notre cœur:

- L'Arbre de Vie (Jésus)
- L'Arbre de la connaissance du bien et du mal (le diable)
- Le Figuier (l'homme).

Jésus apporte la vie en abondance dans notre cœur. Le diable crée la confusion entre le bien et le mal. L'homme apporte les feuilles de figuier qui représente la pensée humaine qui est faible comme une feuille exposée au soleil.

Caïn refusa d'appliquer la Parole de Dieu qui lui demandait de bien agir afin de relever son visage. Il suivit alors la voix du figuier et de l'Arbre de la connaissance du bien du mal, de la haine, de la colère, de la méchanceté et de la vengeance et finit ainsi par tuer son propre jeune-frère Abel, le juste.

Où était Dieu quand Caïn tua Abel?

Au même endroit quand Eve donna le fruit à Adam.

Au même endroit quand Noé prit du vin, se déshabilla et dormit sans avoir fermé la porte.

Au même endroit quand Abraham trompa les serviteurs de Pharaon que Sarah était sa petite-sœur.

Au même endroit quand David prit la femme d'Urie, le Hittite.

Au même endroit quand Amnon viola Thamar, sa demi-sœur, dans le palais royal de David.

Au même endroit quand Judas trahit Jésus à prix d'argent.

Au même endroit quand Jésus mourut sur la croix du Calvaire.

Au même endroit quand nous péchons...

Au même endroit quand nous nous repentons pour solliciter la réconciliation avec notre Dieu.

Le silence de Dieu ne signifie nullement pas son absence car il est Omniprésent et contrôle toute chose.

Le bon choix nous sauve alors que la mauvaise option nous conduit dans la perdition et la destruction.

Ce jour-là, Caïn devrait écouter la Parole de Dieu et la mettre en pratique. Quiconque écoute mal, agira aussi mal.

Caïn cherchait à nuire à celui qui avait présenté une bonne offrande devant Dieu. Il combat toujours les justes pour les décourager et les détourner de la voie de Dieu.

Dans la loi du sacrifice, ressemblons plus à Abel qu'à Caïn, car une bonne offrande répand une odeur agréable devant Dieu. Ce dernier fit un bon choix, celui d'une bête qui versa son sang innocent avant de l'immolée comme sacrifice.

L'offrande de Caïn n'avait pas de sang. C'était une offrande sans vie et qui venait de la terre qui était maudite, alors qu'Abel se servit d'une bête comme Dieu le fit pour couvrir la nudité de nos premiers parents après leur chute.

L'Alliance Edénique ainsi que l'Alliance Adamique nous montrent à suffisance que le sang joue un grand rôle dans le rachat et dans le sacrifice en général.

« ***Tout comme l'eau reflète un visage, le cœur de l'homme reflète l'homme.*** » Proverbes 27:19

Le cœur de l'homme reflète sa vraie personnalité. Le corps est une enveloppe et le cœur, c'est la lettre qui vaut plus que la chair.

Caïn ne devrait pas regarder Abel, mais il devrait mettre en pratique la Parole de Dieu qu'il lui fut clairement et nettement adressée.

« ***Le cœur est tortueux plus que tout, et il est incurable. Qui peut le connaître?***

Moi, l'Eternel, j'explore le cœur, j'examine les reins pour traiter chacun conformément à sa conduite, au fruit de ses agissements. » Jérémie 17:9-10

Nous avons besoin de faire le bon choix dans le cœur avant de poser un seul acte. Nous devons manger de l'Arbre de Vie qui est dans notre cœur et refuser de prendre le fruit de l'Arbre de la connaissance du bien et du mal et éviter de nous couvrir des feuilles de figuier qui constituent la pensée humaine.

« ***O Dieu, crée en moi un cœur pur, renouvelle en moi un esprit bien disposé!*** » Psaume 51:12

Que Dieu crée en nous un cœur pur et qu'il le renouvelle en nous individuellement et collectivement.

Le Seigneur Jésus se tient debout devant le cœur de l'homme et frappe. Celui qui entend et qui ouvrira.

« ***Voici, je me tiens à la porte, et je frappe. Si quelqu'un entend ma voix et ouvre la porte, j'entrerai chez lui, je souperai avec lui, et lui avec moi.*** » Apocalypse 3 :20

Il ne suffit pas seulement d'entendre la voix du Seigneur Jésus. Mais il faut lui ouvrir la porte du cœur. C'est alors qu'il entrera, car il est le Prince de Paix et il soupera avec vous.

Dieu a déjà fait sa part en donnant son Fils Unique et nous aussi, nous devons remplir notre part du contrat afin de bénéficier de bonnes choses y afférentes.

Les désirs du mal sont aussi couchés à la porte de notre cœur et nous devrions leur résister par l'obéissance de la Parole de Dieu.

Et cette parole est celle que nous avons entendue et que nous méditons dans nos cœurs jour et nuit.

« ***Que ce livre de la loi ne s'éloigne point de ta bouche; médite-le jour et nuit, pour agir fidèlement selon tout ce qui y est écrit; car c'est alors que tu auras du succès dans tes entreprises, c'est alors que tu réussiras.*** » Josué 1 :8

Le secret du succès et de la réussite se trouve dans la méditation de la Parole de Dieu et dans la fidélité en sa mise en pratique dans notre vie.

Celui qui est fidèle à la Parole de Dieu est comme une plante dressée au bord de l'eau comme il est écrit :

« ***Heureux l'homme qui ne marche pas selon le conseil des méchants, qui ne s'arrête pas sur la voie des pécheurs, et qui ne s'assied pas en compagnie des moqueurs,***

Mais qui trouve son plaisir dans la loi de l'Éternel, Et qui la médite jour et nuit!

Il est comme un arbre planté près d'un courant d'eau, qui donne son fruit en sa saison, Et dont le feuillage ne se flétrit point: Tout ce qu'il fait lui réussit. » Psaume 1 :1-3

Adam et Eve ne devaient plus suivre le conseil du serpent méchant. De même toi et moi, nous devons plus suivre le conseil de ce monde ni nous arrêter sur la voie des pécheurs. Nous devons fuir les moqueurs car chaque instant de notre vie est précieux devant notre Dieu qui n'est pas un Dieu de gaspillage et de débours.

Le feuillage de notre vie sera ainsi toujours vert et nous réussiront en tout ce que nous ferons si nous garons et mettons en pratique la Parole de Dieu que nous avons entendue.

LE VENGEUR DU SANG

« ***Si un homme frappe son prochain avec un instrument de fer, et que la mort en soit la suite, c'est un meurtrier: le meurtrier sera puni de mort.***

S'il le frappe, tenant à la main une pierre qui puisse causer la mort, et que la mort en soit la suite, c'est un meurtrier: le meurtrier sera puni de mort.

S'il le frappe, tenant à la main un instrument de bois qui puisse causer la mort, et que la mort en soit la suite, c'est un meurtrier: le meurtrier sera puni de mort. » Nombres 35:16-18

Personne n'a le droit de donner la mort à quelqu'un d'autre car la vie humaine est sacrée.

Caïn était dorénavant exposé à la loi du vengeur du sang après le meurtre d'Abel, le juste. Et le sang innocent cria de la terre jusqu'au ciel devant l'Eternel réclamant la vengeance.

« *Maintenant, tu seras maudit de la terre qui a ouvert sa bouche pour recevoir de ta main le sang de ton frère.*

Quand tu cultiveras le sol, il ne te donnera plus sa richesse. Tu seras errant et vagabond sur la terre.

Caïn dit à l'Éternel: Mon châtiment est trop grand pour être supporté.

Voici, tu me chasses aujourd'hui de cette terre; je serai caché loin de ta face, je serai errant et vagabond sur la terre, et quiconque me trouvera me tuera.

L'Eternel lui dit: Si quelqu'un tuait Caïn, Caïn serait vengé sept fois. Et l'Éternel mit un signe sur Caïn pour que quiconque le trouverait ne le tuât point.

Puis, Caïn s'éloigna de la face de l'Éternel, et habita dans la terre de Nod, à l'orient d'Éden. » Genèse 4 :11-16

Dieu maudit Caïn en se servant de la terre qui ouvrit sa bouche pour recevoir de sa main le sang de son frère.

Quand il cultivera, le sol ne lui donnera pas sa richesse.

La terre déjà maudite du temps d'Adam reçut l'ordre de la part de Dieu pour ne pas donner la richesse à Caïn à cause du meurtre commis sur son frère Abel, le juste.

Caïn comprit que son châtiment était trop grand et qu'il ne pouvait plus le supporter. Celui qui fait le mal ne supporte pas le même mal sur lui-même.

Il y a des gens pour qui la terre refuse de leur donner la richesse malgré le travail à la sueur de leur front, à cause du sang des innocents qu'ils ont versé.

La vie humaine est sacrée et nul n'a le droit d'ôter la vie à quelqu'un d'autre.

Dieu, dans son amour infini protégea Caïn contre le vengeur du sang, en plaçant sur son front un sceau de grâce et de miséricorde.

Tout sang innocent versé crie vengeance devant Dieu jusqu'à ce jour. Tout homme devra gagner son pain à la sueur de son front jusqu'à ce jour et les douleurs d'enfantements sont augmentées pour toute femme qui compte devenir mère, jusqu'à ce jour.

Et Dieu protégea ainsi Caïn le méchant et lui garantissant qu'il serait vengé sept fois alors qu'il avait tué une fois.

Quelle miséricorde !

Savez-vous combien de fois Dieu nous pardonne en un seul jour ?

Que cela nous interpelle à ne plus revenir à la vie du péché.

« ***Caïn sera vengé sept fois, Et Lémec soixante-dix-sept fois.*** » Genèse 4 :24

Le meurtrier Caïn fut protégé sept fois et Dieu alla plus loin pour protégé Lémec, le fils du meurtrier soixante-dix-sept fois.

Si le meurtrier est protégé autant de fois par Dieu lui-même, à combien plus forte raison ne nous protégera-t-il pas si nous demeurons fidèles à sa Parole ?

Le mal de l'homme n'arrête pas la bonté de Dieu, mais il nous en écarte et crée un mur entre lui et nous. Fuyons le mal et retournons vers Dieu pour notre salut et notre rédemption.

SETH ET ENOCH

« ***Adam connut encore sa femme; elle enfanta un fils, et l'appela du nom de Seth, car, dit-elle, Dieu m'a donnée un autre fils à la place d'Abel, que Caïn a tué.***

Seth eut aussi un fils, et il l'appela du nom d'Enosch. C'est alors que l'on commença à invoquer le nom de l'Eternel. » Genèse 4 :25-26

Adam connut encore Eve et elle enfanta un fils. Une fois de plus, la Bible est claire à ce sujet et nous montre à suffisance qu'Eve est la mère de tous les vivants.

Les gens commencèrent à invoquer le nom de l'Eternel sur la terre dans cette Alliance Adamique à partir de la naissance d'Enosch.

Et j'aimerais savoir qui avait parlé à Seth de Dieu pour qu'il en parle à son fils Enosch ?

Parents, la famille restreinte constitue la première église. Le père en est le premier pasteur et la mère, la première évangéliste.

Les enfants en sont les premiers croyants et chaque soir, ayons tous la bonne habitude de prier ensemble avant de nous rendre au lit.

Il existe quatre grands types de familles :

- La famille biologique dans laquelle, c'est le sang des parents qui nous lie,
- La famille sociale, où se trouvent l'école, l'église et la société.
- La famille circonstancielle qui est lié aux temps et aux circonstances de la vie à l'instar des voyages, les accidents, les rencontres dans la rue, à l'hôpital, en prison et ailleurs.
- La famille de la destinée qui est celle unissant ou faisant rencontrer les uns et les autres par la prédestination divine.

Dans chacune de ces quatre types de famille, nous sommes appelés à nous parler de Dieu car il est notre source commune et unique.

Adam parla de Dieu à Eve, à Caïn, à Abel ainsi qu'à tous ses enfants.

La connaissance du Seigneur allait petit à petit s'agrandissant de bouche à oreille jusqu'au jour où Moïse écrivit le Pentateuque.

Ce grand homme de Dieu apprit à lire et à écrire en Afrique, en Egypte, à l'Ecole Royale Ancienne. Et c'est à cause de cela que les africains ont un penchant naturelle vers Dieu.

En effet, chez nous en Afrique, même dans la maison du Marabout, vous y trouverez des phrases de confession de foi telles que : « Si Dieu le veut, ça ira ».

La tradition orale atteignit Enosch par la bouche de son père Seth. Et en ce moment là, on commença à invoquer le nom de l'Eternel.

De même dans la famille, en société ou ailleurs, prenons le temps d'invoquer notre Dieu et il nous répondra. Nous venons tous de lui et nous retournerons tous à lui un jour, en passant bien entendu par le jugement dernier pour ceux qui n'auraient pas cru en Jésus-Christ, notre Seigneur et notre Sauveur.

A partir de Seth et de son fils Enosch, les hommes reprirent le chemin de la recherche de Dieu d'une manière ou d'une autre.

Et plus tard dans la même lignée de Seth naquit un fils du nom d'Hénoc.

« ***Jéred vécut, après la naissance d'Hénoc, huit cents ans; et il engendra des fils et des filles.***

Tous les jours de Jéred furent de neuf cent soixante-deux ans; puis il mourut.

Hénoc, âgé de soixante-cinq ans, engendra Metuschélah.

Hénoc, après la naissance de Metuschélah, marcha avec Dieu trois cents ans; et il engendra des fils et des filles.

Tous les jours d'Hénoc furent de trois cent soixante-cinq ans.

Hénoc marcha avec Dieu; puis il ne fut plus, parce que Dieu le prit. » Genèse 5 :19-23

Son enlèvement de la terre fut une première révélation vers la notion de la vie céleste.

L'ENLEVEMENT D'HENOC

L'enlèvement d'Hénoc nous montre qu'il y a une cité céleste. Il y a un monde supérieur dans une autre dimension à laquelle nous devrions aspirer.

Plus tard, Eli fut aussi enlevé au ciel devant Elysée.

« ***Comme ils continuaient à marcher en parlant, voici, un char de feu et des chevaux de feu les séparèrent l'un de l'autre, et Elie monta au ciel dans un tourbillon.***

Elisée regardait et criait: Mon père! Mon père! Char d'Israël et sa cavalerie! Et il ne le vit plus. Saisissant alors ses vêtements, il les déchira en deux morceaux,

Et il releva le manteau qu'Élie avait laissé tomber. Puis il retourna, et s'arrêta au bord du Jourdain; » 2 Rois 2 :11-13

Il y a une vie céleste et en voici la seconde preuve selon les Saintes Ecritures.

Elie fut enlevé au ciel alors qu'ils continuaient à marcher en parlant avec Elisée après avoir couper le Jourdain avec son manteau.

Il existe un autre monde car il est écrit : « ***Au commencement, Dieu créa les cieux et la terre...*** » Genèse 1 :1

Dieu n'a pas seulement créé la terre. Il créa d'abord les cieux avant de créer la terre. En d'autres termes, la terre est une demeure physique et les cieux sont le domaine de la vie spirituelle.

Dans le cas d'Hénoc, les gens se rendirent compte après qu'il avait disparu et certaines personnes pouvaient bien spéculer, ou remettre le cas en cause.

Cependant l'enlèvement d'Elie se produisit devant Elisée son serviteur, à qui il transmit la double portion et lui laissa son propre manteau et avec lequel il coupa aussi à son tour le Jourdain en deux et y marcha à pieds secs comme Israël sous la conduite de Moïse à la sortie du pays de la servitude.

« ***Que votre cœur ne se trouble point. Croyez en Dieu, et croyez en moi.***

Il y a plusieurs demeures dans la maison de mon Père. Si cela n'était pas, je vous l'aurais dit. Je vais vous préparer une place

Et, lorsque je m'en serai allé, et que je vous aurai préparé une place, je reviendrai, et je vous prendrai avec moi, afin que là où je suis vous y soyez aussi. » Jean 14:1-3.

Le Seigneur pendant son ministère public parla aussi de la demeure céleste à ses disciples et insista qu'il y a plusieurs demeures dans la maison de notre Père.

« ***Car, si nous croyons que Jésus est mort et qu'il est ressuscité, croyons aussi que Dieu ramènera par Jésus et avec lui ceux qui sont morts.***

Voici, en effet, ce que nous vous déclarons d'après la parole du Seigneur : nous les vivants, restés pour l'avènement du Seigneur, nous ne devancerons pas ceux qui sont morts

Car le Seigneur lui-même, à un signal donné, à la voix d'un archange, et au son de la trompette de Dieu, descendra du ciel, et les morts en Christ ressusciteront premièrement.

Ensuite, nous les vivants, qui seront restés, nous serons tous ensemble enlevés avec eux sur des nuées, à la rencontre du Seigneur dans les airs, et ainsi nous serons toujours avec le Seigneur. Consolez-vous donc les uns les autres par ces paroles. » 1 Thessaloniciens 4:14-18

La mort et la résurrection de notre Seigneur Jésus constituent le fondement de notre foi dans la vie de la cité céleste. C'est la base même de notre foi dans la résurrection des morts et dans l'enlèvement de l'Eglise Corps de Christ.

Les morts en Christ ne sont pas morts. Ils sont dans le repos en attendant la résurrection et l'enlèvement. Et nous devons partager ce message en famille, en société et par tout ailleurs.

Cette Bonne Nouvelle doit aller jusqu'aux extrémités de la terre en nous servant de tous les moyens dont nous disposons en cette dispensation de la grâce et de l'Esprit.

Utilisons même les réseaux sociaux pour annoncer cette Bonne Nouvelle du Royaume des cieux aux peuples de toute nation, toute race et toute langue car nous venons tous de Dieu et nous retournerons tous vers lui qui a le dernier mot sur chacun de nous soit pour le paradis, ou pour l'enfer, car le purgatoire n'existe pas.

Cette Alliance Adamique se termine, après l'enlèvement d'Hénoc et ouvre la porte à l'Alliance de Noé ou Alliance Noachide.

L'INFLUENCE POSITIVE DU NOM

« ***Lémec, âgé de cent quatre-vingt-deux ans, engendra un fils.***

Il lui donna le nom de Noé, en disant: Celui-ci nous consolera de nos fatigues et du travail pénible de nos mains, provenant de cette terre que l'Éternel a maudite. » Genèse 5 :28-29

Lémec, ayant appris par la tradition orale comment Dieu avait maudit la terre, songea sagement à donner à son fils le nom de Noé, qui signifie la consolation de Dieu.

Qui avait appris à Lémec l'usage du nom pour influencer la consolation des fatigues et du travail pénible des mains sur la terre maudite bien avant sa génération ?

Quand nous invoquons Dieu, il nous donne alors des directives implicites et explicites et nous conduit ainsi comme l'étoile conduisit les mages de l'orient vers le lieu où naquit le Fils Unique de Dieu.

Parents, donnons de grâce de bons noms à nos enfants car il y a un pouvoir d'influence positif ou négatif dans le nom selon sa signification y afférente.

Une bonne disposition de cœur dans le nom que les parents donnent à leur enfant peut influencer toute sa vie.

CONCLUSION

Dans l'Alliance Adamique ou celle d'Adam, nous voyons que :

- L'homme devait rester en dehors du Jardin d'Eden qui était gardait parles archanges,
- Il devait gagner son pain à la sueur de son front,

- La femme avait les douleurs d'enfantement augmentées, ses désirs tournés vers l'homme qui avait mandat de la dominer.,
- La promesse de la postérité de la femme d'écraser un jour le serpent par la tête,
- Le serpent fut maudit et devait dorénavant marcher sur son ventre et se nourrir de la poussière.
- L'homme et la femme portaient dorénavant des vêtements car ils avaient la connaissance du bien et du mal.
- L'influence du nom de Noé pour atténuer la malédiction de la terre en Adam et en Caïn.

Enfin Noé eut trois fils et c'est ainsi que se termine l'Alliance Adamique.

La loi de la multiplication ainsi que celle du remplissage de la terre continuaient lentement et sûrement leur manifestation sur toute la terre.

Nous voyons deux camps sur la terre :

Ceux qui adoraient Dieu qui sont descendus de Seth et ceux-là qui étaient attachés aux choses de la terre, descendants de Caïn.

Nous devons travailler et adorer Dieu pour répondre favorablement et honorablement à nos multiples et variés besoins d'ordre spirituel, physique, matériel, financier et même émotionnel.

Une fois de plus, l'obéissance, la fidélité et la discipline dans la mise en pratique de ce que nous avons entendu de la Parole de Dieu demeurent les atouts et les aubaines de notre salut.

L'AUTEUR

Sylvanus Mulowayi Wa Kayumba, né le 02/10/1963 dans la petite ville minière de Kolwezi dans la province du Grand Katanga, en République Démocratique du Congo, dans une famille de 8 garçons et 2 filles.

Sa plume remonte aux années 1983 comme dramaturge et acteur monologue, habitué à évoluer en soldat solitaire.

Traducteur Assermenté et Polyglotte, il a beaucoup écrit sur le social, le divin et est l'imaginaire.

Aumônier et prédicateur de la bonne nouvelle du royaume de Dieu, il est aussi un ami des prisonniers et des malades.

Dans un style simple embaumé de microcosme, il continue sa trotte tant qu'il y aura encore de l'encre dans son encrier.

Co-fondateur du Culte Anglophone dans la Ville de Lubumbashi dans la Province du Grand Katanga en République Démocratique du Congo en 1993.

En 2002 dans la Ville de Kinshasa, il participa efficacement à l'installation du Ministère du Réseau Global pour la Nouvelle Alliance et ouvrit une émission chrétienne à la télévision « ONLY JESUS » avant de se concentrer totalement à la littérature théologique pratique jusqu'à ce jour.

Ouvert à tous, pour la cause commune !

L'Auteur

TABLE DES MATIERES

ALLIANCE ADAMIQUE

Le début de l'Alliance Adamique correspond avec la Dispensation de la Conscience. C'est en ce moment que le choix du bien et du mal devient régi par la conscience de l'homme. Le libre arbitre est entré dans l'homme qui est responsable des actes qu'il pose. Et il doit dorénavant gagner le pain à la sueur de son front et chercher la communion avec Dieu.

Cette Alliance se termine par l'enlèvement d'Enoch pour nous enseigner la notion de la vie céleste et la naissance de Noé dont le nom signifie la consolation de Dieu pour atténuer la malédiction d'Adam et de Caïn sur la terre. La loi de la multiplication ainsi que celle du remplissage de la terre continuent à se manifester selon la pensée de Dieu depuis le jour de la création de l'homme et de la femme.

Un seul secret : demeurer obéissant, fidèle et discipliné à la Parole de Dieu entendue et la mettre en pratique tous les jours de la vie.

Sylvanus MULOWAYI n'est plus à présenter. Il se cache dorénavant derrière ses œuvres littéraires qui sont nombreuses et variées en ligne où il parle du divin, du social et de l'imaginaire afin de ramener le fort et le faible autour d'une même table pour un repas fraternel.

La Fourmi du Seigneur

Contacts

Sylvanus MULOWAYI WA KAYUMBA

Email : dasylvahmolvak@gmail.com

You Tube : Dasylvah Only Jesus

Kinshasa/ République Démocratique du Congo

Printed by Books on Demand GmbH, Norderstedt / Germany